L'histoire et la vie d'un
Village
provençal

© Berger-Levrault, CNMHS, 1983
229, boulevard Saint-Germain, 75007 Paris
ISBN 2-7013-0527-6
Direction éditoriale : Jean-Jacques Brisebarre
Fabrication : Louise Champion
Maquette couverture : Atelier Daniel Leprince ; intérieur : Atelier Patrick Thomas
Impression et photogravure : Grafica Gutenberg, Bergame Italie

L'histoire et la vie d'un Village provençal

Texte de Pierre Croux
Illustrations d'Eddy Krahenbühl

Caisse nationale
des monuments historiques et des sites
Berger-Levrault

Les joueurs de boules

Cécile dévale à toutes jambes la ruelle étroite et pentue, saute à cloche-pied la marelle géante que dessinent les dalles de la rue des marchands, évite avec adresse l'angle décrépi de la maison Bailly. Dans un instant, elle émergera dans le soleil éblouissant de la place que rafraîchit l'ombre mouvante du feuillage des platanes. Saluant d'un bonjour claironnant les vieux joueurs de boules, Cécile se précipite vers ses amies qui l'attendent déjà près de la fontaine.

Cette course familière, cent fois répétée, qui la conduit de sa maison à la grand-place, Cécile pourrait presque la faire les yeux fermés, se laissant guider par la plainte crissante de la scie du père Briand, reconnaissant au passage l'ombre humide et furtive du passage sous voûte, l'odeur mielleuse des acacias.

Mais pour l'instant, seul son jeu l'occupe et pendant de longues heures, les courses et les cris des enfants se mêleront à la vie du village. Et ce soir, quand Cécile s'endormira, ivre de jeu, par le *fenestron* de sa chambre blanche ouverte sur les toitures de tuiles roses, la grosse horloge du clocher semblera lui dire : « A demain ! »

Maisons hautes, serrées les unes contre les autres, ruelles étroites et courbes, souvent plissées en escaliers, personnages joviaux aux voix colorées qui s'interpellent sur le pas de leur porte, voilà le petit monde du village provençal de Cécile. Ce village gai et heureux sous le soleil a aussi une longue histoire. Il est né un jour, il a grandi, parfois difficilement et a souvent dû lutter pour se défendre contre les colères du temps et la menace des hommes.

Il y a quelques milliers d'années, rien n'existait à l'emplacement du village. Cet éperon rocheux, escarpé et désert, dominait alors une large plaine marécageuse où serpentaient les méandres argentés d'une rivière libre et impétueuse : la Durance. De petits torrents, descendus des collines proches, roulaient bruyamment leurs eaux claires et poissonneuses et l'un d'eux venait même frôler le pied du rocher avant de se perdre dans la rivière.

C'est au sortir des temps préhistoriques que, quittant leurs cavernes, les premiers hommes se regroupent près de la rivière.

Car l'abri des grottes de la montagne n'est plus suffisant. La caverne se révèle difficile à défendre, l'eau est trop éloignée, et le petit troupeau de chèvres à demi-sauvages manque singulièrement d'espace. Ici, tout semble facile : le rocher est abrupt sur trois côtés et une solide palissade de pieux de bois devrait suffire à l'isoler et à en interdire l'accès. C'est aussi un magnifique poste d'observation. De son sommet, il sera facile de surveiller le troupeau et de détecter l'arrivée d'éventuels ennemis.

Il faut maintenant organiser la protection de ce territoire, car les luttes entre tribus sont fréquentes. Il faut apprendre à fabriquer des armes mais aussi à sauvegarder le bien commun : troupeaux et nourriture. Peu à peu, la petite communauté s'organise.

Ces premiers habitants s'appelaient les Ligures. Ils pratiquaient le culte des éléments naturels et adoraient les divinités des sources, des sommets et des arbres. Ils cultivaient un peu la terre mais l'essentiel de leur nourriture était encore fourni par la pêche, la chasse et l'élevage.

Le village de cabanes

Au sommet du rocher escarpé, les premières cabanes rectangulaires s'élèvent à présent. Leur construction est rudimentaire : de gros blocs de pierre ou de terre argileuse séchée — que l'on appelle pisé — forment les murs. Pour la toiture, on a utilisé de fines branches que l'on a entrelacées et enchevêtrées en une armature solide et rigide. Dessus, les hommes poseront de grosses bottes d'herbes ou de joncs séchés qui les protégeront du vent et de la pluie. Au centre du toit, entre les gerbes, une ouverture a été aménagée. C'est par là que s'évacuera la fumée du feu que l'on fait à même le sol, au centre de la cabane. La maison ne contient pas de meubles et peu de vaisselle. Quelques poteries en terre sont utilisées pour la conservation et la cuisson des aliments et, dans un coin, sur le sol en terre battue, une couche d'herbe sèche compose un lit confortable.

Quelques équipements communs ont été aussi réalisés : l'eau et les céréales sont conservées dans des citernes creusées dans la roche et une solide barrière de pieux de cyprès aux pointes menaçantes protège maintenant les maisons. Le soir venu, la lumière et la chaleur de grands feux de bois regrouperont les hommes et tiendront à distance les ours et les loups.

Mais la terre de Provence, au doux climat, soulève bien des convoitises et, tour à tour, venus du nord ou du sud, de nombreux envahisseurs allaient se battre pour sa possession.

Le village incendié

Après de rudes combats, les nouveaux arrivants s'installaient — jusqu'à la prochaine invasion — apportant avec eux leur savoir, leur art de vivre et leur culture.

C'est ainsi qu'il y a 3 000 ans, les Gaulois et les Celtes originaires d'Europe centrale enseigneront aux premiers habitants l'art de travailler le fer et leur apprendront à forger les outils et les armes qui remplaceront les anciens instruments en pierre ou en bronze.

Quelques siècles plus tard, Grecs et Phéniciens développeront la culture du blé, de la vigne et de l'olivier. Habiles commerçants, ils favoriseront la pratique des échanges et du négoce. Leur civilisation raffinée laissera le goût des belles poteries et l'usage des fines monnaies de bronze et d'argent.

Au IIe siècle avant J.-C., les soldats romains partant à la conquête de l'Espagne envahissent à leur tour la Provence. Il n'est pas facile de résister aux légions romaines bien équipées et bien entraînées. Vaincus, Gaulois et Saliens sont bien obligés d'accepter la paix que leur impose le puissant Empire romain.

Cette paix romaine — la *Pax Romana* — allait durer cinq siècles. Sous l'influence de ces nouveaux envahisseurs, le paysage de la Provence change. De nouvelles routes sont tracées, de solides ponts de pierre enjambent fleuves et rivières et de grosses fermes, les *villas romaines*, apparaissent un peu partout dans la campagne. Les villes et les plus gros villages se sont eux aussi modernisés. Des égouts tout neufs permettent l'évacuation des eaux sales et il n'est plus utile de s'imposer une longue marche pour se ravitailler en eau. La source est maintenant canalisée et un splendide *aqueduc* conduit ses eaux fraîches jusqu'à la fontaine de la grand-place. Oublié aussi le sol boueux des ruelles ! Les rues les plus importantes sont désormais recouvertes d'un dallage si solide qu'il résistera parfois jusqu'à nos jours. Mais l'Empire romain s'affaiblit et, au début du Ve siècle, la *Pax Romana* ne peut plus être assurée.

Deux siècles plus tard, les cavaliers sarrasins allaient, eux aussi, mettre à sac la Provence. Spécialistes des *raids* éclairs qu'ils préparaient depuis les côtes d'Afrique, ils attaquaient par surprise, semant l'épouvante chez les villageois qui n'avaient pu préparer leur défense : « Ils semblaient arriver sur les ailes du vent du midi et apparaissaient tout à coup, quand on les croyait encore à cent lieues. »
La dernière des grandes invasions se terminait, mais que de ruines !

Razzié, incendié, abandonné de la plupart de ses habitants qui avaient cherché refuge dans la forêt toute proche, le village avait bien souffert.

Un solide château de pierre

Qu'importe ! le village sera reconstruit, plus beau, plus solide, et surtout on pensera à mieux le défendre. Regroupés autour de leur seigneur et aidés de moines défricheurs, tous se mettent à l'ouvrage. Il faut d'abord construire un *castrum*, un château fort où les habitants du village pourront se réfugier en cas d'alerte. Le plan du château sera simple mais ses murs, hauts et lisses, flanqués de tours massives, seront solidement ancrés dans la roche. Planté à l'extrémité du rocher, il sera une forteresse imprenable dont le seul accès sera protégé par un large fossé.

Une *carrière* est ouverte dans les couches de calcaire affleurant la lande voisine. Les carriers en extraient d'énormes blocs de pierre qui deviendront de solides murailles, tandis que dans la forêt, les bûcherons abattent les arbres qui serviront à confectionner charpentes et planchers.

Le château est maintenant terminé. Un pont-levis franchit le fossé et conduit à l'unique porte dont une énorme grille, la herse, barre l'entrée. Ce passage est confié à la garde du guetteur, qui du haut de sa tour, inspecte la campagne. Dans la salle d'armes, des soldats attendent, prêts à repousser n'importe quel assaut.

A l'intérieur, une grande cour carrée a été aménagée. Les villageois s'y retrouveront à la moindre alerte, apportant souvent avec eux leurs biens les plus précieux, argent ou troupeaux. C'est aussi dans cette cour que, les jours de *liesse*, tous se réuniront et que les jeunes danseront au son des *violes* et des tambourins.

Le château proprement dit ne comporte que peu de pièces, quelques chambres et la grande salle. C'est dans cette salle que le seigneur rend la justice et reçoit *vassaux* et villageois auxquels il doit protection. Sous la grande salle, dans la pierre même qui constitue les fondations du château, quelques pièces ont été creusées : une grande cuisine, des réserves, mais aussi des prisons et des oubliettes, et le fameux passage secret qui permettra de s'échapper en cas de siège. Peu de luxe et de confort dans cet austère *castel* conçu pour la défense. Les meubles sont rares et seule une vaste cheminée réchauffe la grande salle au sol couvert de joncs et de buis.

Au pied du château, quelques maisons sont maintenant construites. Adossées au rocher ou tout simplement troglodytes, c'est-à-dire entièrement creusées dans le roc, elles offrent au soleil du midi leurs façades de pierre et de pisé, percées de quelques ouvertures.

Le temps a passé, de nouvelles maisons se sont ajoutées aux premières habitations troglodytiques. Les villageois, maintenant nombreux, acquittent toujours l'impôt qui leur assure aide et protection du seigneur. Mais en cette année 1200, force est de constater que la grande cour du château serait bien trop petite pour accueillir tous les habitants du village en cas de danger. Que faire ?

Il était urgent d'isoler le village, de l'entourer d'un mur épais, d'un rempart, qui, contournant toutes les maisons, irait s'accrocher sur les murailles solides du château féodal. Seigneurs, chevaliers, *clercs* et paysans s'unissent à nouveau pour cet important chantier.

Le rempart protecteur

L'enceinte, un haut mur de pierres taillées, cerclera le village comme une immense chaîne. Elle aura 20 à 30 *pieds* de haut (10 m environ) et 4 à 5 pieds d'épaisseur à la base.

La maison provençale

Chaque soir, à heure fixe, les lourdes portes du rempart se referment sur le sommeil des villageois. Seules deux petites portes appelées poternes restent ouvertes et c'est par là que rentreront les habitants attardés. Mais les poternes sont bien gardées et personne n'entrera sans avoir décliné son identité. Là-haut, sur le *chemin de ronde* qui court au sommet du rempart, d'autres soldats veillent.

Bien en sécurité derrière son enceinte, le village ne cesse de croître. De nouvelles rues menant aux portes du rempart ont été percées, maisons communes et greniers publics ont été construits mais il faut de nouveaux logis pour abriter une population de plus en plus nombreuse.

Aussi, dans l'enceinte, tous les espaces sont utilisés. Les maisons se serrent les unes contre les autres, les ruelles ou *venelles* se rétrécissent jusqu'à ne plus permettre que le passage d'un homme, et souvent la construction enjambe la rue qui passe alors sous voûte.

Généralement construite par ses futurs propriétaires aidés de compagnons maçons, la maison provençale est haute et étroite. En rez-de-chaussée, s'ouvrant sur la rue, la salle commune abrite la cheminée et son potager où l'on cuisine à la braise. Dans un coin de la grande pièce, on posera la pile, un bloc de pierre dure évidé qui contient l'eau nécessaire à la vaisselle et à la toilette. A côté de la salle se trouve l'atelier ou l'étable où vit l'âne ou le mulet qui aide aux travaux des champs. Au fond, dans des espaces étonnamment réduits, se tiennent chèvres, moutons et porcs. Un escalier étroit, bâti au plâtre, grimpe à l'étage et au grenier. La chambre est le plus souvent la seule pièce carrelée de *tommettes* de terre cuite aux chaudes couleurs rouge et jaune. Tout en haut, le grenier où l'on resserre la récolte donne sur le ciel par une large ouverture qui assure la ventilation.

Les murs de pierre sont crépis aux ocres de Provence. Le toit qui, à l'origine, était couvert de chaume se coiffe maintenant de tuiles. Cette tuile, importée par les Romains, est fabriquée avec l'argile extraite de la terre. Mélangée à l'eau, elle forme une pâte que l'on découpe en rectangles réguliers galbés et séchés au soleil avant d'être assemblés les uns aux autres sur les supports de bois.

Cette manière simple et peu coûteuse de recouvrir le toit s'adapte bien aux formes compliquées des maisons qui tournent souvent avec la rue. Quand la maison ne peut plus être agrandie sur la rue, on creuse de nouvelles pièces dans la roche tendre.

Pour protéger les murs des pluies d'orage, les plus basses tuiles du toit s'avancent au-dessus de la rue. Ce gracieux équilibre s'appelle la *génoise*, en remerciement aux Italiens du port de Gênes qui inventèrent le procédé.

A l'abri de la génoise, juste au-dessus de la fenêtre du grenier, on place la *carelo*, une poulie de fer ou de bois destinée à guider la corde qui hisse les récoltes et les quelques meubles de la maison. Sur l'unique façade sur rue, fenêtres et portes sont rares, mais toujours bien adaptées à leur fonction, que cela soit le passage, l'éclairage ou la ventilation. Les fenêtres n'ont pas encore de vitrage mais sont tendues de toiles enduites de cire ou de vessies de porc qui laissent passer la lumière.

Enfin, devant chaque maison, un petit banc de pierre ou de bois rappelle qu'aux premiers beaux jours, les Provençaux aiment à vivre dans la rue.

Les artisans

Il y a maintenant bien longtemps que le seigneur a fait construire les premiers moulins et le grand four à pain qu'il loue aux villageois.

La moisson est terminée. A présent, les mulets tirent les grosses gerbes sur la surface empierrée des aires. Tout à l'heure, on écrasera le blé sous

de lourds cylindres pour séparer le grain de la paille. Puis, chacun transportera ses sacs de grains au moulin. Là, de pesantes meules, entraî-nent les meules de pierre et s'activent les pressoirs de bois brun : c'est le moulin à huile. Comme à chaque automne, ânes et mulets, les

nées par la force des ailes qui tournent dans le vent, les réduiront en fine farine que l'on portera au *four banal*.

Le grand four de briques est presque chaud. Le feu mord les brindilles craquantes et odorantes et siffle. Par la petite porte de pierre, on pourra bientôt enfourner galettes, pains et *pissaladières*.

Plus loin, dans de grandes pièces voûtées, peu éclairées et souvent en contrebas de la rue, tour-bâts gonflés d'olives, font procession jusqu'au moulin. Chacun apporte sa récolte dans des *escourtins* tressés. L'huile parfumée et dorée gicle sous le poids des meules de pierre qui écrasent les olives.

Jarres et *fioles* d'huile s'alignent au pied des voûtes. Cette huile aux qualités précieuses est utilisée pour la fabrication de médicaments, pour l'éclairage, mais c'est dans la cuisine provençale qu'elle révèle tout son pouvoir. A cette époque où les moyens de communication étaient rares et où les voyages étaient longs et périlleux, tout ce qui était nécessaire à la vie quotidienne devait être produit sur place. Actifs et populaires, les artisans sont l'âme même du village. Tous sont indispensables : le maréchal-ferrant qui ferre les sabots des chevaux et des mules, le bourrelier qui découpe dans le cuir épais les pièces du harnachement, le tonnelier qui transforme en tonneaux les fines lames de bois qu'il galbe et assemble...

Il pleut rarement en Provence et c'est heureux car l'exiguïté des ateliers conduit souvent les artisans à travailler dehors. La rue est encombrée d'outils et de toutes sortes d'objets, mais la bonne humeur reste de règle. On s'interpelle, on se lance quelques plaisanteries — les *galégado* — tandis que le grésillement de la corne du sabot du cheval que l'on ferre se mêle aux coups réguliers du maillet de bois du charron. Vanniers, sabotiers et verriers tiennent aussi *échoppe*. Parfois ces artisans se regroupent dans une même rue qui porte alors le nom de leur spécialité : rue des cardeurs, rue des marchands...

Les marchés de Provence

Un matin de septembre 1566, un cavalier fourbu se présente à la porte fortifiée de l'Uba (Nord). Il remet au conseil du village une lettre patente de Charles IX, roi de France, accordant à la communauté « la faculté de tenir marché hebdomadaire avec privilège, franchises et immunités nécessaires ». Le marché se tiendra sur la grand-place mais, chose importante, on y vendra désormais des denrées provenant d'autres régions, d'autres pays. La production locale, sacs d'olives, d'amandes et de blé, voisine maintenant avec les toiles de Béziers, le drap de Flandre ou de Louvain, tandis que les orfèvreries italiennes et les épices orientales rehaussent le tout de leur brillant et de leur odeur.

Paysans, marchands, chevaliers, prêteurs sur gages et charlatans conversent à grand bruit. Le provençal, une langue cousine du latin et proche de la vieille langue d'Oc, est parlé par tous. Jusqu'en 1789, il restera le seul langage de la vie quotidienne. C'est la langue du commerce, du travail, mais aussi celle de la poésie. Et c'est en provençal que les *troubadours* chantent *odes* et *ballades*.

En ce jour de fête, la maison commune est pavoisée et les bannières et écus du seigneur voisinent avec ceux du village. Car le seigneur n'est plus le seul maître au village. Au fil des siècles, maires et conseillers ont racheté au seigneur leurs droits féodaux : liberté de chasse, de pâture, droit de moudre, de presser et de cuire, suppression des droits de péage, et c'est désormais à la commune de veiller à l'application des lois et des usages.

Sous la protection de l'église

Jours et saisons s'écoulaient alors au rythme du calendrier chrétien. Chaque village était placé sous la protection d'un saint patron et processions, baptêmes, pèlerinages, bénédiction des troupeaux, des récoltes et des maisons rassemblent souvent tous les villageois.

Personnage respecté et confident des habitants qui n'hésitent pas à livrer à son jugement leurs problèmes et leurs différends, le curé a aussi un rôle important. Véritable archiviste du village, il enregistre les baptêmes, les mariages et les décès, et c'est souvent grâce aux registres conservés dans les églises que l'on est arrivé à retracer l'histoire d'une famille ou d'une région. C'est aussi aux religieux qu'est confiée l'éducation et, dans de nombreux couvents et prieurés, clercs et moines enseignent le latin, l'écriture et le calcul.

Les offrandes et les dons des plus riches, nobles ou bourgeois, assurent la richesse de l'église, qui se charge des soins aux malades et distribue des secours aux plus pauvres.

Les premiers hôpitaux, appelés hôtels-Dieu, furent d'ailleurs fondés par les grands ordres reli-

Le lavoir

Le jour se lève et, comme chaque matin, les enfants mènent les troupeaux aux grands abreuvoirs de pierre bâtis près du torrent. Car l'eau, pourtant si proche, n'a pas été canalisée jusqu'au village et il faut toujours sortir de l'enceinte pour se ravitailler.

C'est aujourd'hui jour de *bugado* — ou de grande lessive — et à quelques pas de là, les femmes se réunissent près du lavoir communal qui, couronné d'une légère toiture, est adossé au rempart. On ne possède pas encore de savon et c'est avec les cendres de l'âtre que l'on frotte le linge avant de le tremper dans l'eau froide et claire des bassins.

Tout en s'activant, les femmes discutent. Elles s'informent des nouvelles du village, de la vie du château et même des affaires du royaume. Radio et télévision n'existent pas mais les nouvelles se propagent vite et rapidement, chacun est averti des principaux événements. Comment ? D'abord par le son des cloches que tous savent interpréter. Le *tocsin* signale un danger immédiat mais, fort heureusement, ses volées ne sont souvent destinées qu'à écarter la foudre ou la grêle. Par des sonneries diverses, le carillonneur peut annoncer une mort, une naissance ou un baptême.

Enfin, bien avant que le publieur d'aujourd'hui ne signale les nouvelles par tambour ou haut-parleur, l'*assache* (savez-vous) passait de porte en porte et informait chaque famille de l'événement important du moment : décès, cérémonie ou arrivée d'un marchand ambulant. Ce personnage si caractéristique de la vie provençale existait encore il y a trente ou quarante ans.

gieux : ordre des Hospitaliers de Saint-Jean, ordre du Saint-Esprit ou du Temple.

La tâche est immense car, victimes de la guerre ou des grandes épidémies que la médecine était alors incapable de soigner, mendiants malades et estropiés sont nombreux.

Le village sort de ses murs

Maisons nombreuses et jointives enserrées dans une enceinte haute et sûre, c'est l'image d'un équilibre presque parfait qu'offre le village aux XVIIe et XVIIIe siècles.

Au-delà du rempart, le paysage a peu changé. La plaine est parsemée de marécages et le cours fantasque de la rivière rend les gués dangereux. Aussi mieux vaut sortir quelques pièces de sa bourse et confier sa traversée aux bons soins du passeur, car le bac, une barque à fond plat guidée par une chaîne, reste le moyen le plus sûr de gagner l'autre rive.

Aux alentours du village, des champs de toute taille se juxtaposent et s'imbriquent. Céréales, oliviers et vigne constituent depuis longtemps la majorité des cultures, mais à proximité du village, près du cours d'eau, quelques petits jardins, les *horts*, dessinent une géométrie verte. Chacun y cultive la fève, le pois, le haricot, la courge et le chou et de nouvelles cultures comme celle de la pomme de terre sont parfois tentées.

Pas un pouce de terrain n'est perdu et sur les flancs pentus de la montagne, d'innombrables petits champs en terrasse ont été aménagés. Ces

étroites plates-formes de terre maintenues par de longs murs de pierres sèches et reliées entre elles par de petits escaliers sont appelées *restanco*.

Le rempart qui, autrefois, avait si bien protégé le village semble à présent présenter plus d'inconvénients que d'avantages et l'on songe sérieusement à le démolir. Il est vrai que ses portes sont trop étroites pour que deux voitures puissent s'y croiser et surtout les épaisses murailles ne sauraient résister très longtemps aux armes modernes.

C'est ainsi que, peu à peu, le village sort de ses murs. A ses pieds, la rivière est doucement domptée, et des digues solides l'empêchent désormais de quitter son lit. Les techniques de labour ont, elles aussi, fait des progrès et les paysans ont appris à mieux tirer parti de leurs terres. De nombreux canaux d'irrigation arrosent les terres les plus sèches dont le sol est enrichi par la *fumure*. Aux cultures traditionnelles qui, depuis des années, assurent la prospérité du village, s'est ajoutée une petite industrie et de nombreux habitants se consacrent maintenant à l'élevage du ver à soie.

L'arrivée de la diligence

Sur la place du portail, les enfants ne se tiennent plus d'impatience... La voilà ! Verte et jaune, capotée de cuir noir, la diligence arrive avec bagages et voyageurs. Quatre chevaux pie la tirent en hennissant sous les grands arbres de la place. Elle s'immobilise dans un nuage de poussière tandis que, soulevant sa grande casquette à soufflets, le *postillon*, chaussé de grandes bottes de cuir, salue déjà les villageois.

Ce nouveau moyen de locomotion a profondément modifié la vie du village. Chacun peut maintenant se déplacer facilement et c'est aussi la diligence qui se charge de transporter et de livrer achats et commandes.

Chassant la diligence, le chemin de fer dessert maintenant chaque ville. Mais le chemin de fer ne montera pas jusqu'au village, la pente est trop raide pour lui. C'est donc en bas, dans la plaine, que l'on placera la gare. Elle est déjà entourée d'entrepôts et le grand boulevard, qui la relie au village, se couvre rapidement de maisons.

D'autres bouleversements guettent encore le village. Dans la France maintenant industrielle, les usines offrent de nombreuses possibilités d'emploi et, délaissant la campagne, de nombreux fils de paysans partent pour la ville où ils espèrent trouver un travail plus facile.

Abandonnant le village aux rues étroites et mal commodes, de nombreux commerçants et artisans viennent à leur tour ouvrir des magasins dans la nouvelle ville.

Vocabulaire

Aqueduc : canal de maçonnerie, souterrain ou non, destiné à conduire l'eau.

Ballade : en France, nom donné à un poème composé de trois strophes (ou couplets), d'un refrain et d'un couplet plus court appelé « envoi ».

Carrière : endroit où l'on extrait des roches. Une carrière souterraine est aussi appelée « mine ».

Castel : mot d'origine provençale signifiant château.

Castrum : un château fortifié.

Charpente : assemblage de pièces de bois (poutres) ou, à présent, de métal, qui soutiennent une construction. La charpente est l'« ossature » de la maison.

Chemin de ronde : galerie couverte ou espace plat en haut des remparts d'une ville, d'une forteresse.

Clerc : un religieux. Au Moyen Age le mot « clerc » désignait aussi une personne instruite.

Compagnon (architecte ou compagnon maçon) : nom donné autrefois à un ouvrier travaillant pour le compte d'un maître. La période d'apprentissage que le compagnon effectuait chez le maître pour apprendre son métier s'appelait « compagnonnage ».

Echoppe : petite boutique en planches adossée à une muraille.

Escourtin : panier tressé.

Fenestron : petite fenêtre.

Fiole : bouteille en verre au col long et étroit.

Four banal : four appartenant au seigneur et que les villageois devaient obligatoirement utiliser pour faire cuire leur pain.

Fumure : couche de fumier (un mélange de paille et d'excréments d'animaux) que l'on répand sur les champs pour les rendre plus fertiles. C'est en quelque sorte l'ancêtre des engrais.

Jarre : grand vase en terre cuite.

Liesse : autre nom pour fête, réjouissance.

Ode : poème chanté.

Pied : ancienne mesure de longueur.

Pissaladière : sorte de tarte faite en pâte à pain et garnie d'oignons, d'anchois et d'olives (c'est une spécialité provençale).

Postillon : employé de la « poste aux chevaux » chargé de conduire les voitures transportant les voyageurs.

Raid : une attaque par surprise.

Tocsin : mot d'origine provençale désignant le son produit par une cloche que l'on frappe à coups rapides et répétés. Le tocsin annonçait toujours un danger ou un accident grave, incendie par exemple. C'est aussi le nom que l'on donne à la cloche elle-même.

Tommette : dans le midi, carreau fabriqué avec de l'argile travaillée et cuite au four et que l'on pose sur le sol d'une pièce (carrelage).

Troubadour : dans le midi de la France, nom donné au poète parlant la langue d'Oc.

Vassal (vassaux) : au Moyen Age, personne dépendant d'un seigneur dont elle avait reçu un fief (un domaine).

Venelle : petite rue étroite.

Villa : nom donné aux grosses fermes dans la Gaule romaine.

Viole : ancien instrument de musique qui ressemble un peu au violon.